テーマ別

中級までに学ぶ
日本語

初中級ブリッジ教材

Matsuda Hiroshi　Kameda Miho
松田浩志　亀田美保

KENKYUSHA

まえがき

　本教材『テーマ別　中級までに学ぶ日本語』では、初級から中級への「橋渡し」を目指した。1991年に出版された『テーマ別　中級から学ぶ日本語』並びにその改訂版をたくさんの方に使っていただいたが、日本語教育現場から、折に触れ、初級を終えた学習者が中級に移る際にどうしても溝があり、その間を埋める教材が必要ではないのかというご意見をいただいてきた。

　初級から中級への移行のために必要な「橋渡し」の内容は、いったい何なのかと現場の先生方からご意見をいただき、学習者が中級に入ってむずかしいと感じる点は以下の四点が主因だと考えた。

A. 中級に移行して、それまであまり経験のない長さの読解教材に出会う。
B. 中級へ移行して、急にある程度の長さをもった聴解教材に出会う。
C. 初級段階で身につけた文法項目や文型の十分な応用練習なしに、それらを既習項目とした上で、新しい項目の学習に出会う。
D. 初級での読解教材、聴解教材で理解した内容の事実関係だけをやりとりする練習から、中級では自らの考えを求められる。

　本教材では、以上の四点を考慮に入れた教材を目指し、具体的には、以下のセクションを設け、上記四点に徐々に慣れる教材を工夫した。
　 読みましょう ・ 聞きましょう のセクションでは、読み物、聴き取りとして扱われる練習の長さに慣れることを意図し、ある程度の長さを持つ読解・聴解教材を準備した。また、それぞれの理解を測る部分（ 答えましょう と 聞きましょう の設問）には、上記Dを考慮して教材の内容に基づいて答える設問を付した。 使いましょう ・ 書きましょう で取り上げた練習対象項目は、それぞれ上記Cを留意した練習ができることを目指した。
　また、中級段階へ移行するにあたって語彙・表現が急に増えるといった点も問題とされるが、本教材ではその点も考慮に入れ、約230の語彙・表現に限り、それを 覚えましょう のセクションに掲げた。

　本教材が出版されるに至ったのは、ひとえに、現場の先生方からの貴重なご意見、ご助言、また、辛抱強くお付き合い願った研究社の佐藤淳氏の支えが著者の原動力になっており、心より感謝の意を表する。その成果が、学習者の中級段階へのより円滑な移行に役に立つのであれば、何よりも幸いである。

2011年7月1日
松田浩志　亀田美保

『テーマ別　中級までに学ぶ日本語』(初中級ブリッジ教材)を使うために

1. 各課の構成とその狙い

　本教材『テーマ別　中級までに学ぶ日本語』各課には、学習者間で共有できるであろうと考えられるテーマが設定されており、それにかかわる形で、 覚えましょう ・ やってみましょう ・ 読みましょう ・ 答えましょう ・ 使いましょう ・ 書きましょう ・ 聞きましょう ・ 話しましょう の八つのセクションを設け、テーマについて考えながら、日本語学習が続けられるように構成されている。本文（ 読みましょう ）の最後には、 新しい漢字 の欄を設け、新出漢字を一覧できるようにした。

　 覚えましょう ・ やってみましょう は本文理解準備のために設けたセクションであり、 答えましょう は、本文内容並びにそこで提出されるテーマの理解度を確認し、深めるセクションである。

　 使いましょう と 書きましょう は、本文中に出てくる文型・表現が定着するよう練習することを目指したセクションであり、聴き取り練習を 聞きましょう として設け、各課で扱うテーマを本文とは異なる視点から考える。 話しましょう は、学習者に各課のテーマをまとめさせることを目指したセクションである。

2. 各セクションの構成とその狙い

覚えましょう

　本文の新語彙・表現が出てくる順に並べられている。語彙・表現の選択については、以下の項目3を参照。

やってみましょう

　本文で導入され、 聞きましょう で異なる角度から扱われる各課のテーマへの準備を目指したセクションである。（『テーマ別　中級から学ぶ日本語』[以下、『中級』]の いっしょに考えましょう に該当する。）

　例えば、第1課では、学習者目下の習得対象言語である日本語学習について尋ね、広く外国語学習について考える機会を設けた。それを活用して、学習者それぞれの日本語学習体験を省み、本文で扱う「正確、かつ、効率のよいコミュニケーション」というテーマへ誘うことを目指している。

読みましょう と 答えましょう

各課のテーマを紹介するために、学習者が体験すると考えられる題材を取り上げた本文を提示し、その長さは、第12課以外は、『中級』に抵抗なく入っていける長さとした。

本文の読解練習の後に 答えましょう として七つの問いを設けた。問5までが本文の理解程度を確かめるための本文内容に直接関係する質問であり、問6が本文の内容を理解した上で答える問題、最後の問7が学習者個人のテーマについての意見を求める問題である。本教材「まえがき」に掲げた中級への移行をむずかしくすると考えられる四つの主因のDとして取り上げた項目を考慮した組み立てである。

使いましょう と 書きましょう

「まえがき」で項目Cとして取り上げた点を勘案した練習で、基本的には新出項目は扱わず、既習項目の組み合わせ、あるいは、既習項目のうち定着しにくいと考えられる項目を選び出して練習とした。

聞きましょう

各課のテーマに即したやや長さのある聴解練習であり、「まえがき」の項目Dに着目した練習とした。CDを聞いた後に理解度をチェックするための設問が四問設けられており、最後の問5は聞いた内容を基に学習者の考えを問う設問とした。

話しましょう

各課に二つの問いを設けてある。第一問は、該当課のテーマについて学習者の考えを問い、学習者間での自由な意見交換を想定した設問である。今一つの問いでは、テーマについて自らが学んだことをまとめることを目指している。自らの意見を定着させるために短い作文の形でまとめさせることも、このセクションの有意義な使い方だと考えられる。

新しい漢字

下の項目4「漢字とふりがな」参照。

3. 覚えましょう の語彙・表現選択

本文に出てくる新語彙・表現が出てくる順に並べられている。『日本語初歩』(国際交流基金　日本語国際センター　2002)で学ぶ語彙・表現を既習として、各課に出てくる新出語彙・表現は二十前後と定めた。新出語彙項目が他品詞として使われる場合、「Nスル」「Nナ・ニ」と表記した。(『中級』『テーマ別　上級で学ぶ日本語』で新語彙・表現として扱われている語彙・表現は、『教師用マニュアル』の巻末に初出課を明記したリストを付した。)

4. 漢字とふりがな

　漢字も語彙・表現と同様、上述『日本語初歩』で学ぶ漢字を既習漢字とし、各課十文字前後を新出漢字とした。＊を付した漢字は、既習の漢字であり、読みが新しい漢字である。
　ふりがなは、 覚えましょう のセクションに出てくる漢字すべてに付し、本文では新出漢字、読みのみに付した。

　本教材には、別売りで『教師用マニュアル』と 聞きましょう （および 読みましょう の本文）収録の CD が準備されており、前者に各セクションの更に詳細な狙い、解答例、 聞きましょう のスクリプトが載せられている。

目　次

- 第1課　**コミュニケーション** ……………………………… 1
  - 「おふろが寒い」と言います ……… 2
- 第2課　**ごみ問題** …………………………………………… 7
  - ごみも買います ……………………… 8
- 第3課　**異文化** ……………………………………………… 12
  - 音がこわかったです ………………… 13
- 第4課　**豊かさ** ……………………………………………… 18
  - 給食を燃やさないで ………………… 19
- 第5課　**人間関係** …………………………………………… 24
  - みんな一人なのかな ………………… 25
- 第6課　**安全な社会** ………………………………………… 30
  - 子どもの世界はどこですか ………… 31
- 第7課　**家族** ………………………………………………… 36
  - 「ホームシック」って何ですか …… 37
- 第8課　**水資源** ……………………………………………… 42
  - お風呂で水が飲めます ……………… 43
- 第9課　**癒し** ………………………………………………… 47
  - 「ストレス」が授業でした ………… 48
- 第10課　**背景** ………………………………………………… 53
  - 名前でよばれました ………………… 54
- 第11課　**国際化** ……………………………………………… 59
  - 私、お客様ですか …………………… 60
- 第12課　**自分の文化** ………………………………………… 65
  - ウサギが数えられます ……………… 66
  - 語彙・表現リスト …………………… 71

第1課 コミュニケーション

覚えましょう

平気ナ・ニ	アドバイス	理由
ころ	ある〜	必ず
相手	ぬるい	直す
気がつく	（勉強）法	役に立つ
いつの間にか	母語	正確ナ・ニ
コミュニケーション	うまい	気にする

やってみましょう

1. 自分の日本語はどのぐらいだと思いますか。

	4.よくできる	3.できる	2.あまりできない	1.できない
読む	4	3	2	1
書く	4	3	2	1
聞く	4	3	2	1
話す	4	3	2	1

2. 毎日どのぐらい日本語の勉強をしますか。

   □二時間以上　　□一時間ぐらい　　□三十分ぐらい　　□毎日はしない

3. 日本語の勉強で何かこまっていることがありますか。

読みましょう

「おふろが寒い」と言います

　どうすれば日本語がじょうずになるのか、せんぱいに聞いてみたことがあります。そのとき、せんぱいは、「平気(へいき)で『おふろが寒い』と言えるようになりなさい」とアドバイスしてくださいました。理由を聞いたら、こんな答えでした。

5　せんぱいは日本語の勉強をし始(はじ)めたころ、「冷たい」と「寒い」をよく間違(ちが)えたのだそうです。気をつけていても、つい間違えてしまうのだそうですが、あるとき、自分が間違えたときは、必(かなら)ず相(あい)手(て)の人が「おふろの水が冷たい」「おふろがぬるい」と直(なお)してくれることに気がつきました。それからは、「冷たい」と「寒い」だけでなく、日本語を話すときは、いっしょうけ
10　んめい相手の言うことを聞き、自分の日本語が直されたらそれを覚(おぼ)えました。全部は覚えられないし、同じ間違いをすることもありましたが、それでも、その勉強法はずいぶん役に立ったそうです。

　せんぱいは、言葉を一つ一つ注意して聞くようになってから、いつの間にか母(ぼ)語で話すときも、相手の言うことをいっしょうけんめい聞き、よく考え
15　ながら正(せい)確(かく)な言葉を使うようになったそうです。「コミュニケーションがじょうずになりました。外国語がじょうずになるということは、コミュニケーションがうまくできるようになることだと思います。だから、日本語がじょうずになりたいなら、間違いを気にせず、平気で『おふろが寒い』と言えるようになることが大切です」と、せんぱいが教えてくださいました。

新しい漢字　平　始　違　必　相　直　覚　母＊　正＊　確

答えましょう

1. 日本語の勉強のために、せんぱいはどんなアドバイスをくれましたか。
2. せんぱいは、相手と話しているとき、どんなことに気がつきましたか。
3. それに気がついてから、何をし始めましたか。
4. 母語で話すとき、せんぱいの話し方はどうなりましたか。
5. せんぱいは、外国語がじょうずになると、どうなると言っていますか。
6. それは、どうしてだと思いますか。
7. 日本語で話しているとき、間違ったところを直されたら、どう思いますか。

使いましょう

A 「～たことがある」と「～(る)／～ないことがある」の練習をしましょう。

a. ～たことがある

1. 小学校のとき、野球の試合でゆうしょうしたことがあります。
2. A：「むらかみはるき」という人を知っていますか。
   B：ええ、名前を聞いたことはありますが、本を読んだことはありません。
3. まだ＿＿＿＿＿＿＿＿＿＿たことがないので、＿＿＿＿＿＿＿＿＿＿てみたいです。

b. ～(る)／～ないことがある

1. チンさんはまだ一日も学校を休んでいません。でも、たまにじゅぎょうにおくれることがあります。
2. 毎朝自分でおべんとうを作っていますが、時間がなくて作れないこともあります。
3. ＿＿＿＿＿＿＿＿＿＿は＿＿＿＿＿＿＿＿＿＿ことがあるので、気をつけてください。

第1課

B 「〜(る)ようになる」と「〜(ら)れるようになる」の使い方を練習しましょう。

  a.　〜(る)ようになる

1. 医者に「少しやせたほうがいい」と言われて、運動するようになりました。
2. 父は仕事をやめてから、母と二人でいろいろな所に出かけるようになりました。
3. ＿＿＿＿＿＿＿＿＿＿＿＿＿ので、＿＿＿＿＿＿＿＿＿＿＿＿＿ようになりました。

  b.　〜(ら)れるようになる

1. 三か月勉強して、やっと少し日本語が話せるようになりました。
2. 車の運転は少し練習すれば、だれでもできるようになりますよ。
3. ＿＿＿＿＿＿＿＿＿＿＿けれども、なかなか＿＿＿＿＿＿＿＿＿＿＿ようになりません。

C 「〜てくれる」の使い方を練習しましょう。

1. 知らない人に道をたずねたら、親切に教えてくれました。
2. 両親が「やってみなさい」と言ってくれたので、日本に来ることができました。
3. ＿＿＿＿＿＿＿＿＿＿＿＿＿てくださり、ほんとうにありがとうございます。

D 「〜のだそうです」の使い方を練習しましょう。

1. ニュースによると、今年の夏は雨が多かったから、やさいが育たず、ねだんが上がったのだそうです。
2. A：キムさんはお休みですか。
　　B：ええ、今日国へ帰りました。土曜日にお兄さんの結婚式があるのだそうです。
3. A：リンさん、今度弟さんが日本へ来るそうですね。
　　B：ええ、弟は＿＿＿＿＿＿＿＿＿＿＿たいのだそうです。

4

コミュニケーション

書きましょう

A 「～のか(と)聞きました／たずねました／質問しました」の練習をしましょう。

例：〔せんぱい・聞きました〕
「どうすれば日本語がじょうずになりますか」
⇒ せんぱいにどうすれば日本語がじょうずになるのか聞いてみました。

1. 〔先生・質問しました〕
「『あげる』と『くれる』はどう違いますか」
⇒

2. 〔友だち・聞きました〕
「ここから京都へ行くにはどうやって行けばいいですか」
⇒

3. 〔母・たずねました〕
「いつ日本へ遊びに来ますか」
⇒

B 「～だけでなく、～」の練習をしましょう。

例： 今週も来週もテストがあります。
⇒ 今週だけでなく、来週もテストがあります。

1. 日本語はひらがな、カタカナ、そして、漢字も覚えなければならないので、たいへんです。
⇒

2. ここでは魚をつることもやいて食べることもできます。
⇒

3. このレストランはねだんが安いし、おいしいので、いつもおきゃくさんが多いです。
   ⇒

聞きましょう

CDを聞いて、次の質問に答えてください。

1. (　　)　2. (　　)　3. (　　)　4. (　　)　5. (　　)

話しましょう

1. 友だちにアドバイスできる勉強法がありますか。
2. 第1課を読んでわかったことをかんたんに話してください。

第2課 ごみ問題

覚えましょう

経験スル　　　　ごみ　　　　　　（多）さ
すぐ　　　　　　スーパー　　　　便利ナ・ニ
トマト　　　　　キュウリ　　　　（一）個
なっとう　　　　もつ　　　　　　くさる
分　　　　　　　続ける　　　　　ごみ箱
〜ずつ　　　　　一杯　　　　　　トレイ
ビニール　　　　収集スル

やってみましょう

1. あなたのうちのごみはどんな物が多いですか。
   - ☐ビニールのふくろ　　☐肉や魚のトレイ　　☐びんやカン
   - ☐食べ物のごみ　　　　☐そのほか（　　　　　　　　　）

2. ごみの収集日は何曜日ですか。

3. ごみのすて方はどのようにしますか。

> 読みましょう

ごみも買います

　日本に来るまで、私は一人で生活をしたことがありませんでした。一人で生活し始めて、料理やせんたく、そうじと、これまでしたことのなかったことをしなければいけなくなりました。いろいろ困ったことや、それまで知らなかったこともたくさん経験しました。その中でも、毎日出るごみの多さには驚いてしまいました。

　私が今住んでいる所は、すぐ近くにスーパーがあって、とても便利な所です。私は、三日に一回学校の帰りに買い物に行きます。肉も魚も一人で生活するのにちょうどいいくらいに切って並べてありますし、やさいもキュウリやトマトなど、何でも一個ずつでも買えるので、とても便利です。とうふもなっとうも大好きで、いつまでもつのかを見て、くさらせないようにいる分だけ買います。

　そんな生活を続けていて驚かされたことは、ごみの多さです。台所に小さなごみ箱を置いているのですが、毎日少しずつふえ、三日くらいで一杯になるのです。肉や魚の入っているトレイ、とうふやなっとうの入れ物、そして、やさいを入れるうすいビニールのふくろ、それがみんなごみになります。一人で生活し始めたときはそれほど気にしなかったのですが、今は週二回のごみ収集日に必ず大きなふくろ一杯のごみを出すようになり、驚いています。「スーパーに行って食べ物といっしょにごみも買っているのだ」。国にいたとき、考えてもみませんでしたが、ごみ問題とはこういうことなんだと考えるようになりました。

> 新しい漢字　　私* 困 経 驚 便 並 個 続 箱 杯 収集*

答えましょう

1. 一人で生活を始めて、どんなことをするようになりましたか。
2. 何に驚いたと言っていますか。
3. どんな所に住んでいますか。
4. スーパーは、どうして便利だと言っていますか。
5. ごみ問題を考えるようになったのは、どうしてですか。
6. これまで、どうしてごみ問題を考えなかったと思いますか。
7. ごみを少なくするには、どんなことができると思いますか。

使いましょう

A 「～ずつ」の使い方を練習しましょう。

1. 漢字の本を買って、毎日二ページずつ練習問題をしています。
2. みかんをたくさんもらったので、クラスのみんなに三つずつあげました。
3. ＿＿＿＿＿＿＿＿＿＿＿＿＿＿＿＿＿＿＿＿＿＿＿＿＿＿＿＿＿＿＿＿。

B 「(何／いつ／どこ／～)＋でも」の使い方を練習しましょう。

1. 好ききらいを言わず、何でも食べなければ大きくなれません。
2. 車があれば、どこへでも好きな所へ行くことができて、便利だろうと思います。
3. ＿＿＿＿＿＿＿＿＿＿＿＿＿＿＿＿＿＿＿＿＿＿＿＿＿＿＿＿＿＿＿＿。

C 「～(る)ように」と「～ないように」の練習をしましょう。

a. ～(る)ように

1. 子どもでも食べられるように、このカレーはあまりからくせずに作りました。
2. みんなに聞こえるように、大きい声で言ってください。
3. ＿＿＿＿＿＿＿＿＿＿＿ように、＿＿＿＿＿＿＿＿＿＿＿＿＿。

第2課

b. ～ないように

1. 間違えないように、自分の物には名前を書いておきましょう。
2. 試験の前に困らないように、毎日少しずつでも勉強してください。
3. ＿＿＿＿＿＿＿＿＿＿ないように、＿＿＿＿＿＿＿＿＿＿ておきました。

D 「～のですが、～」の使い方を練習しましょう。

1. 新しいカメラを買ったのですが、その使い方がよくわかりません。
2. アルバイトを始めたのですが、それがとてもたいへんだったので、一か月でやめてしまいました。
3. 先週友だちに教えてもらったレストランに行ってみたのですが、そこが＿＿＿＿＿＿＿＿＿＿＿＿＿。

書きましょう

A 「～まで～たことがありませんでした」の練習をしましょう。

例：日本に来て、はじめて一人で生活をしました。
　⇒ 日本へ来るまで一人で生活をしたことがありませんでした。

1. 一人で生活して、はじめてごみの問題を考えてみました。
　⇒

2. 大学でトンジェさんに会って、はじめてブータンの人と話しました。
　⇒

3. 会社に入って、はじめてコミュニケーションはむずかしいと思いました。
　⇒

B 「～さ」の練習をしましょう。

例： 一人で生活してみて、ごみが多いことに驚いてしまいました。
　　⇒ 一人で生活してみて、ごみの多さに驚いてしまいました。

1. 店でたのんだ物をいつも間違えられるので、ある日、自分の発音が悪いことに気がつきました。
　　⇒

2. 会社に入って、人といい関係を作ることは大切だということがわかりました。
　　⇒

3. 外国語を読んだり書いたりすることがむずかしいことに困っています。
　　⇒

聞きましょう

CDを聞いて、次の質問に答えてください。

1. (　　)　2. (　　)　3. (　　)　4. (　　)　5. (　　)

話しましょう

1. すてずに長く使っている物がありますか。それはどんな物ですか。
2. 第2課を読んでわかったことをかんたんに話してください。

第3課 異文化

覚えましょう

こわい
騒音（そうおん）
救急車（きゅうきゅうしゃ）
時々（ときどき）
（こわい）目（め）
のぞく
見落とす（みお）

バイク
慣れる（な）
サイレン
ましナ・ニ
（こわい目に）あう
文化（ぶんか）

やかましい
パトカー
階（かい）
どなる
明かり（あ）
異文化（いぶんか）

やってみましょう

友だちに聞いてみましょう。

1. はじめて外国へ行ったのはいつですか。

2. それはどこでしたか。何をしに行きましたか。

3. そこはどんな所でしたか。

読みましょう

音がこわかったです

　私が日本で生活を始めて、最初にこわいと思ったのは音でした。今住んでいる寮は近くを広い道が通っていますから、昼間は車やバイクの音でやかましいです。でも、そんな騒音には国でも慣れていましたから、こわいとは思いませんでした。こわいと思ったのは夜聞こえる音です。夜のパトカーや救急車のサイレンは、私の国でも同じです。でも、上の階のへやや隣のへや、そして、時々まどの外から聞こえる音や声で、何の音なのか、どうして大きな声を出しているのか、自分でわからないときに、こわいと思うのです。

　今はだいぶ慣れて、何の音か、どんな人が何を言っているのかわかるようになりましたから、少しましになりました。でも、慣れない音や意味のわからない大きい声が聞こえたとき、わらわれるかもしれませんが、どろぼうじゃないのかと思ったり、だれかが自分に何かおこってどなっているのじゃないのかと考えて、こわくなりました。じっさいにこわい目にあったことはありませんが、へやの明かりを全部つけてトイレや台所へ行ってみたり、電気を消してまどの外をのぞいてみたりしました。

　日本へ来る前に留学経験のある人から日本文化のことを聞いたり、本を読んだりして、日本と自分の国がどれほど違うか勉強しました。でも、だれの話にも、どの本にも、音のことはありませんでした。異文化での生活は、だれにも見落とされるようなこんなことに慣れることから始まるのだと、今、思っています。

新しい漢字　　初　寮　騒　慣　救　隣　味*　明*　留　化　異

第3課

答えましょう

1. 日本に来て最初にこわいと思ったのは何ですか。
2. どんなときに、そう思いましたか。
3. 慣れない音や意味のわからない大きな声を何だと思いましたか。
4. そんなとき、どうしましたか。
5. どうして慣れない音がこわいと思うのでしょうか。
6. 音の話からこの人はどんなことを考えましたか。
7. 「見落とされる」ことの中には、ほかにどんなことが考えられますか。

使いましょう

A 「～のは～」の使い方を練習しましょう。

a. ～のは＋名詞

1. このクラスで最初に話したのは隣にすわったワンさんです。
2. はじめて日本へ来たのは高校生のときです。
3. 今住んでいるのは＿＿＿＿＿＿＿＿＿＿＿＿＿です。

b. ～のは＋形容詞

1. 夜意味のわからない音や大きな声を聞くのはこわいです。
2. 外国で一人で生活するのはたいへんです。
3. ＿＿＿＿＿＿＿＿＿＿＿のは楽しいです。

B 「～かもしれませんが、～」の使い方を練習しましょう。

1. 気を悪くさせるかもしれませんが、こんなに高い物をいただくことはできませんので、お返しします。
2. たいへんかもしれませんが、ぜひいっしょうけんめい勉強してください。
3. 失礼かもしれませんが、＿＿＿＿＿＿＿＿＿＿＿と思います。

異文化

C 「～たり、～たり、～」の使い方を練習しましょう。

a. 例をあげるとき

1. 休みには、せんたくやそうじをしたり、スーパーへ買い物に行ったりします。
2. 留学生からのそうだんは勉強の問題だったり、ビザの問題だったり、いろいろです。
3. 美術館の中では、＿＿＿＿＿＿＿＿＿＿たり、＿＿＿＿＿＿＿＿＿＿たりすることはできません。

b. 同じことをする／同じことがあるとき

1. 最近は暑かったり、寒かったりして、ふくそうに困ります。
2. おしたり引いたりしてみましたが、この戸は開きません。
3. ＿＿＿＿＿＿＿＿＿＿から、＿＿＿＿＿＿＿＿＿＿たり、＿＿＿＿＿＿＿＿＿＿たりしないでください。

D 「～ような～」の使い方を練習しましょう。

1. 卒業式での校長先生のお話は心にのこるようないい話でした。
2. おおぜいの人の前で話すときは、だれにでもわかるようなかんたんな言葉で話したほうがいいです。
3. A：＿＿＿＿＿＿＿＿＿＿ような＿＿＿＿＿＿＿＿＿＿経験をしたことがありますか。
   B：ううん、そうですね…。

15

第3課

書きましょう

A 「(～を見て／聞いて／読んで／知って／ので)、～のじゃないかと思う」の練習をしましょう。

例： だれかがどなっている。けんかをしているのだろう。
　　⇒ だれかがどなっているのを聞いて、けんかをしているのじゃないかと思った。

1. キムさんの顔色がよくない。どこか体が悪いのだろう。
　　⇒

2. 自転車の事故がふえた。きそくを守らない人が多いのだろう。
　　⇒

3. 山田さんはあまり自分の意見を言わない。日本人はまわりの人との関係を気にしすぎるのだろう。
　　⇒

B 「～での／への／との／からの／までの～」の練習をしましょう。

例： 文化の違う国で生活することはいろいろなことに慣れることから始まる。
　　⇒ 文化の違う国での生活はいろいろなことに慣れることから始まる。

1. お世話になった人に書いた手紙には、その人に伝えるお礼の言葉を書いた。
　　⇒

2. 外国人と結婚することは、結婚してから生活することを考えると、むずかしいと思う。
　　⇒

3. 日本に来てから考えたことは、日本に来るまでに考えたことと違う。
　　⇒

異文化

聞きましょう

CDを聞いて、次の質問に答えてください。

1. (　　)　　2. (　　)　　3. (　　)　　4. (　　)　　5. (　　)

話しましょう

1. 日本に来て、自分の国と違うと思ったのはどんなことですか。
2. 第3課を読んで、わかったことをかんたんに話してください。

第4課 豊かさ

覚えましょう

クラスメート
自己紹介スル
～について
残す
(一)か所
どうにかスル
もったいない
豊かナ・ニ

見学スル
自国
給食
ぜんぜん(～ない)
燃やす
資源ごみ
しばらく

小学生
地理
(何人)も
手をつける
帰り道
リサイクルスル
だまる

やってみましょう

友だちに聞いてみましょう。

1. 電話代に一カ月三万円も使う人がいますが、どう思いますか。

2. 日本のわかい人は、いっしょうけんめい勉強していないのではないだろうかと言う人がいます。どう思いますか。

3. 一カ月五万円くらいで生活できないだろうかと考えることがありますが、むずかしいでしょうか。どうしてそう思いますか。

読みましょう

給食を燃やさないで

　先週、日本語を勉強しているクラスメートたちと小学校へ見学に行く機会がありました。私たちは小学生の前で自己紹介したり、自国の地理や気候、食べ物などについて説明したり、いろいろな国の言葉であいさつの練習をしたりしました。そして、その後、みんなでいっしょに給食を食べることになりました。

　かたづける時間になってびっくりしました。一人や二人なら驚きはしませんが、何人もの子が残しているのです。ぜんぜん手をつけなかった子もいました。後で先生に「残った給食はどうするのですか」と質問したら、「一か所に集められて燃やされる」とのことでした。

　小学校からの帰り道、私たちは、いろいろと話し合いました。残った給食は、どうにかできないだろうか。資源ごみのようにリサイクルする方法はないのか。残さないように教えることはできないのかと話し合いました。「国では、食べ物がなくて困っている人もいるのにもったいない」という意見が出ると、「私が小学生のころなら、同じことを言ったけれど、今は、国の子どもたちも日本と同じです」と答えた人がいました。すると、自分の国もそうだと言う人が何人かいました。しばらくみんなだまっていましたが、一人が「ほんとうに豊かになるって、何なんだろうな」と自分にたずねるように言いました。それで、もう一度、みんなだまってしまいました。みんなが同じことを考えていたのだと思います。

新しい漢字　燃　給　己　紹　介　候　後*　残　資　源　豊

第4課

答えましょう

1. いつ、だれと、どこへ行きましたか。
2. 給食のとき、何に驚きましたか。
3. 先生にどんな質問をしましたか。また、答えはどうでしたか。
4. それを聞いて、どんなことを話し合いましたか。
5. みんながだまってしまったのはどうしてだと思いましたか。
6. みんなはだまって、何を考えていたと思いますか。
7. 子どもたちが給食を残すのはどうしてだと思いますか。

使いましょう

A 「～ことになりました」の使い方を練習しましょう。

1. テストができなかったので、もう一度同じクラスで勉強することになりました。
2. 交通事故で足をけがして、入院することになりました。
3. ＿＿＿＿＿＿＿＿＿＿＿＿＿ために、学校をやめて国へ帰ることになりました。

B 「～ながら」の使い方を練習しましょう。

1. 日曜日はたいていビールを飲みながら野球の試合を見ます。
2. わかい人が音楽を聞きながら、電車に乗っているのをよく見ます。
3. ＿＿＿＿＿＿＿＿＿＿＿ながら＿＿＿＿＿＿＿＿＿＿＿＿のはよくないです。

C 「(何人)も～」の使い方を練習しましょう。

a. 「たくさん」の意味

1. しんごうの近くに何台ものパトカーが止まっているのを見て、事故でもあったんじゃないかと思った。
2. チョウさんが持っているかばんは十万円もしたそうだ。
3. リンダさんは＿＿＿＿＿＿＿＿＿を＿＿＿＿＿＿＿＿＿＿も持っている。

b.「少ししか〜ない」の意味

1. この問題ができた学生は何人もいなかった。
2. 私のさいふにはいくらも入っていないのに、先週電車の中ですりにすられた。
3. この近くに＿＿＿＿＿＿＿＿＿＿は何けんもありません。

c.「ぜんぜん〜ない」の意味

1. 四国へは、まだ一回も行ったことがありません。
2. トゥイさんは二年間一日も休まず、学校へ来ました。
3. 私は今まで一度も＿＿＿＿＿＿＿＿＿＿たことがありません。

D 「〜たら、〜」の使い方を練習しましょう。

1. 田中さんが「映画を見ましょう」と言ったら、山田さんが「それよりカラオケはどうですか」と言いました。
2. リナさんに「どうして食べないの」と聞いたら、「あまい物が好きじゃないから」と答えました。
3. ＿＿＿＿＿＿＿＿＿に＿＿＿＿＿＿＿＿＿＿とたのんだら、＿＿＿＿＿＿＿＿＿＿という返事でした。

書きましょう

A 「〜なら、〜は〜が、〜から〜」の練習をしましょう。

例：〔一人や二人なら、驚かない・何人もの子が残している〕
　⇒ 一人や二人なら、驚きはしませんが、何人もの子が残しているから、驚いたのです。

1. 〔一度や二度なら、おこらない・何度も同じ注意をさせる〕
　⇒

第4課

2. 〔五つや六つの子どもなら、わらわれない・大学生がおかしを取り合ってけんかをしている〕
   ⇒

3. 〔パトカーや車の音なら、こわいと思わない・意味のわからない言葉を大きな声でどなっている〕
   ⇒

B 「～なら、～けれども、～は～」の練習をしましょう。

例：私が小学校に行っていたころは同じことを言いました。けれども、今は_____。

⇒ 私が小学校に行っていたころなら、同じことを言ったけれども、今は<u>国の子どもたちも日本の小学校の子どもたちと同じ</u>です。

1. わかいころはもっとたくさんお酒が飲めました。けれども、今は_____。
   ⇒

2. 新しいカメラは買いたいです。けれども、_____。
   ⇒

3. 両親がお金を出してくれるときは、留学します。けれども、_____。
   ⇒

豊かさ

聞きましょう

CDを聞いて、次の質問に答えてください。

1. (　)　　2. (　)　　3. (　)　　4. (　)　　5. (　)

話しましょう

1. 最近「もったいない」と思ったのはどんなときですか。
2. 第4課を読んで、わかったことをかんたんに話してください。

第5課 人間関係

覚えましょう

コンビニ　　　　そうざい　　　　コーナー
器(うつわ)　　　（利用）者(りようしゃ)　　若者(わかもの)
ターゲット　　　食材(しょくざい)　　お年寄(としよ)り
合(あ)わせる　　〜向(む)き　　　　売(う)り場(ば)
広(ひろ)げる　　品数(しなかず)　　増(ふ)やす
未婚(みこん)　　離婚(りこん)スル

やってみましょう

友だちに聞いてみましょう。

1. 今まで一人で生活したことがありますか。

2. 一人で生活をして、いいことはどんなことでしょうか。

3. 一人で生活をして、困るのはどんなことでしょうか。

読みましょう

みんな一人なのかな

　コンビニやスーパーが、おそうざいのコーナーを作って、一人か二人分を小さな器に入れて売り始めたのは、一人で生活する若者がターゲットだった。いくら食材を買って帰って何かを作っても、一人で食べるのには多過ぎてどうしても残ってしまう。それに、料理にあまり時間をとられたくない。毎日毎日、その日に食べる物を考えるのも嫌だし、いろいろ食べたいと思っても、一人ではそんなにたくさん作ることはできない。それで、おそうざいコーナーに行って、そこに並んでいる物から食べたい物を選んで買って帰る。

　コンビニやスーパーでは、そんな人たちのための便利を考えて、少しずついろいろな物が食べられるようにおそうざいコーナーに小さなトレイを並べるようになったのだそうだ。ところが、おそうざいコーナーの利用者はけっして若者だけではなくて、最近ではお年寄りも多いのだと言う。それに合わせて、コーナーに並ぶ料理にもお年寄り向きの品が増えているのだそうだ。

　おそうざいコーナーは、少しずつ売り場を広げ、品数も増やしている。これからお年寄りも増えるし、未婚や離婚のために一人で生活する人の数も多くなっているからだと言う。若者もお年寄りも、おそうざいコーナーで選んだ小さな器を前にして、一人でテレビでも見ながら食事をしているのだろうか。夕方のスーパーには、おおぜいの人がいるのに、若者もお年寄りも、みんな一人なのだろうか。

新しい漢字　器　若　材　過　嫌　寄　合　増　未　離

第5課

答えましょう

1. コンビニやスーパーは、だれのためにおそうざいコーナーを作りましたか。
2. 若者がおそうざいコーナーを利用する理由を三つ言ってください。
3. おそうざいコーナーは、若者とだれが利用するようになりましたか。
4. おそうざいコーナーが広げられるのは、どうしてですか。
5. おそうざいコーナーで買い物をした人たちは、どんな食事をするだろうと言っていますか。
6. おそうざいコーナーが広くなることは、どんなことを意味していますか。
7. おそうざいコーナーはこれからも広くなると思いますか。

使いましょう

A 「～(の)には～過ぎる」の使い方を練習しましょう。

1. あの病院へはタクシーで行くには遠過ぎます。
2. いくらきれいでも、この人形は国へ持って帰るには大き過ぎます。
3. ＿＿＿＿＿＿＿＿＿＿は＿＿＿＿＿＿＿＿＿＿かもしれませんが、＿＿＿＿＿＿＿＿＿には＿＿＿＿＿＿＿＿＿＿過ぎます。

B 「どうしても～てしまう」の使い方を練習しましょう。

1. いくら気をつけていても、夏と冬にはどうしても電気代が高くなってしまう。
2. まだ日本語がじょうずに話せないので、どうしてもまず国の言葉で考えて日本語に直そうとしてしまう。
3. ＿＿＿＿＿＿＿＿＿＿たら、どうしても＿＿＿＿＿＿＿＿＿＿てしまう。

C 「～ため／ために～」の使い方を練習しましょう。

　a.　～のため

1. 家族のために、父は新しい家を買った。
2. 今いっしょうけんめい勉強するのは自分のためです。
3. クラスのみんなのために、私は＿＿＿＿＿＿＿＿＿＿＿てあげようと思います。

　b.　～のため／～(る)ため

1. しょうらいのために、今からいろいろなことを勉強しておいたほうがいいと思います。
2. 日本で仕事をさがすための説明会が来週あるそうです。
3. ＿＿＿＿＿＿＿＿＿＿＿ために、＿＿＿＿＿＿＿＿＿＿＿。

　c.　～のため／～なため／～いため／～たため

1. 最近この近くでは、スピードを出し過ぎたための事故が多いです。
2. 道に止められた自転車が多いために、人が通れない。
3. ＿＿＿＿＿＿＿＿＿＿＿のために、＿＿＿＿＿＿＿＿＿＿＿。

D 「～と言う」の使い方を練習しましょう。

1. 新聞によると、交通事故でなくなる人は五千人ぐらいになったと言う。
2. この学校では、毎年多くのせんぱいが有名な大学に入っていると言う。
3. 最近＿＿＿＿＿＿＿＿＿＿＿＿＿＿＿＿＿＿＿と言う。

第5課

書きましょう

A 「〜のは〜が〜」の練習をしましょう。

例： 一人で生活する若者をターゲットにして、コンビニやスーパーがおそうざいを小さな器に入れて売り始めた。
　⇒ コンビニやスーパーがおそうざいを小さな器に入れて売り始めたのは一人で生活する若者がターゲットだった。

1. 都会で生活する人をターゲットにして、いなかでの生活のし方を教える教室を開いた。
　⇒

2. 両親が離婚したために、私は大学をやめなければならなくなった。
　⇒

3. 勉強がいそがしくなったのを理由にして、私はコンビニの仕事をやめた。
　⇒

B 「それに」「それで」「ところが」の練習をしましょう。

例： 仕事が終わってから、料理を作る時間はないし、〔a. それに　b. それで　c. ところが〕つかれているから、ついおそうざいを買ってしまう。

1. ＿＿＿＿＿＿＿＿＿＿＿＿。〔a. それに　b. それで　c. ところが〕、先生に聞いてみました。

2. きのうの夜、野球の試合を見に行きました。〔a. それに　b. それで　c. ところが〕、雨のために、＿＿＿＿＿＿＿＿＿＿＿＿。

3. 日本料理は＿＿＿＿＿＿＿＿＿＿し、＿＿＿＿＿＿＿＿＿＿し、〔a. それに　b. それで　c. ところが〕、体にもいいと言う。

人間関係

聞きましょう

CDを聞いて、次の質問に答えてください。

1. (　)　2. (　)　3. (　)　4. (　)　5. (　)

話しましょう

1. さびしいと思うのはどんなときですか。そんなときはどうしますか。
2. 第5課を読んで、わかったことをかんたんに話してください。

第6課 安全な社会

覚えましょう

おかしな(こと)　　グループ　　通学スル
姿(すがた)　　手にする(て)　　列(れつ)
ふざける　　数(すう)(百(ひゃく))　　(数(すう)百(ひゃく)メートル)おき
見守る(みまも)　　おじいちゃん　　おばあちゃん
道ばた(みち)　　めったに(〜ない)　　心配ナ(しんぱい)
仲がいい(なか)　　安心ナ・ニ・スル(あんしん)　　安全ナ・ニ(あんぜん)

やってみましょう

調べてみましょう。

1. 日本のけいさつの電話番号は何番ですか。国では何番ですか。

2. 救急車をよびたいときには、何番に電話しますか。火事のときはどうですか。

3. 困ったとき、だれに、どのようにれんらくしますか。

読みましょう

子どもの世界はどこですか

　日本に来てしばらくして、おかしなことに気がつきました。子どもがいつも大人といっしょにいるということです。近くに小学校があるので、朝は、子どもたちがグループになって通学する姿が見られます。みんな同じようなかばんを手にして、列になって歩いています。楽しそうに笑っている子、ふざけながら大きな声を出している子、いろいろな子どもがいます。小学校へ行くまでの道には、数百メートルおきに大人が立って子どもたちを見守っています。

　日曜日に公園に行っても、町を歩いていても、子どもたちが自分たちだけで遊んでいる姿はあまり見られません。子どもの姿を見ても、いつもお父さんがそばにいたり、お母さんたちがすぐ近くで集まって話をしていたりします。おじいちゃんやおばあちゃんのときもあります。私の国の子どもたちのように、自分たちだけで公園や道ばたで遊んでいることはめったにありません。

　子どもが交通事故にあわないように心配したり、公園で知らない人に何かされたりしてはいけないからと、お父さんやお母さんが心配して、子どもといっしょにいることが多いと聞きました。子どもがお父さんやお母さんと友達のように仲がいいのは悪いことではありません。けれども、安心して子どもだけにしておける安全な所が少ないのは、問題ではないでしょうか。

新しい漢字　　大人＊　姿　列　笑　父＊　母＊　配　達　仲　安＊

第6課

答えましょう

1. 何がおかしいと思いましたか。
2. 子どもたちはどのように通学していますか。
3. 公園や町で、子どもたちはだれといっしょですか。
4. この人の国の子どもたちはどうですか。
5. 日本ではどうして大人といっしょなのですか。
6. 日本の子どもたちを見て、どう思いましたか。
7. みなさんの国では、子どもたちはどのように通学していますか。

使いましょう

A 「〜が見られる」の使い方を練習しましょう。

1. 卒業式のきせつになると、着物を着た若い女の人たちの姿が見られます。
2. 今年はあたたかかったため、早い所では三月のはじめごろからさくらが見られるでしょう。
3. ＿＿＿＿＿＿＿＿＿＿へ行けば、＿＿＿＿＿＿＿＿＿＿が見られるでしょう。

B 「〜そうな／そうに／そうだ」の使い方を練習しましょう。

a. な／い形容詞＋そうな／そうに／そうだ

1. 工場の中ではたくさんの人がいそがしそうにはたらいています。
2. どうしてかわかりませんが、ジョージさんは今日は元気ではなさそうです。
3. スニタさんは＿＿＿＿＿＿＿＿そうな＿＿＿＿＿＿＿＿を＿＿＿＿＿＿＿＿ています。

b. 動詞＋そうな／そうに／そうだ

1. 電車のたなの上から荷物が落ちそうです。
2. 山の上にくずれそうな家が一けんあります。
3. 後ろの人におされて、＿＿＿＿＿＿＿＿そうになりましたが、だいじょう

ぶでした。

C 「〜おきに」の使い方を練習しましょう。

1. 私のめざまし時計は起きる時間から十五分間五分おきに音がなります。
2. 公園の中は五十メートルおきに、ごみ箱がおいてあります。
3. 二、三日おきに、＿＿＿＿＿＿＿＿＿＿＿＿たほうがいいです。

D 「〜ておく」の使い方を練習しましょう。

a. あることの前に〜する

1. 旅行の前に、パスポートを作っておきます。
2. わすれないように、試験の日をノートに書いておきます。
3. ＿＿＿＿＿＿＿＿＿＿＿ておけば、＿＿＿＿＿＿＿＿＿＿＿とき、安心です。

b. あることをして、それが続く

1. 最近は子どもだけで遊ばせておくのは心配です。
2. あの二人はひさしぶりに会ったのですから、二人だけにしておいてあげましょう。
3. ＿＿＿＿＿＿＿＿＿＿＿から、＿＿＿＿＿＿＿＿＿＿＿ておいてください。

書きましょう

A 「〜ても、〜ても、〜」の練習をしましょう。

例：〔公園に行く・町を歩いている〕
　⇒ 公園に行っても、町を歩いていても、子どもだけで遊んでいる姿は見られません。

1. 〔起きている・寝ている〕
　⇒

第6課

2. 〔天気が悪い・ねつがある〕
   ⇒

3. 〔試験ができる・漢字をたくさん覚える〕
   ⇒

B 「(〜は)〜と心配して、〜」の練習をしましょう。

例:〔両親は事故にあったり、知らない人に何かされたりしてはいけないからと心配する〕
   ⇒ 両親は事故にあったり、知らない人に何かされたりしてはいけないからと心配して、子どものそばにいる。

1. 〔父は外国で生活するにはお金がいるだろうと心配する〕
   ⇒

2. 〔母は私が食事をしていなかったり、つらい目にあったりしていないかと心配する〕
   ⇒

3. 〔おっとは私の帰りがおそくなると、あぶないんじゃないかと心配する〕
   ⇒

聞きましょう

CDを聞いて、次の質問に答えてください。

1. (　)　2. (　)　3. (　)　4. (　)　5. (　)

安全な社会

話しましょう

1. 日本でこわい目にあったことがありますか。
2. 第6課を読んで、わかったことをかんたんに話してください。

第7課 家族

覚えましょう

ホームシック　　　派遣スル　　　　単身赴任スル
とうじ　　　　　　はけん　　　　　たんしんふにん
当時　　　　　　　たびたび　　　　影響スル
　　　　　　　　　　　　　　　　　えいきょう
思い出　　　　　　なみだ　　　　　夢
おも で　　　　　　　　　　　　　ゆめ
我慢スル　　　　　伝わる　　　　　手に入る
がまん　　　　　　つた　　　　　　て はい
Eメール　　　　　インターネット　起こる
　　　　　　　　　　　　　　　　　お
それほど　　　　　ふるさと　　　　なつかしい

やってみましょう

友達に聞いてみましょう。

1. 家族は何人ですか。

2. 一週間にどのぐらい家族とEメールや電話をしますか。

3. 外国でホームシックになったことがありますか。

読みましょう

「ホームシック」って何ですか

　今から二十年ほど前、父は、会社から派遣されて日本に単身赴任をしていたことがあります。私がまだ小学生のころ、父は、よく当時の日本のことを話してくれました。私が今日本にいるのは、そのころの父の話が大きく影響しているからだと思います。

　父から聞かされた日本での思い出話の中に、よくホームシックという言葉が出てきました。なみだが出るほど寂しくて、家族に会いたくて、たびたび家族の夢を見たそうです。何度も国に帰りたいと思ったそうです。そんなとき、手紙を書いたり、写真を送り合ったりして、我慢していたと言います。日本では、国のニュースもあまり伝わってこなかったし、国で食べていたような物も手に入らなかったそうです。

　私は今日本にいますが、父と同じようにホームシックになることはそれほどありません。家族と話がしたければ、いつでもEメールや電話ができます。インターネットを見れば、国で何が起こっているかもだいたいわかります。食べ物も国で食べていたのと同じような物がいくらでもあります。それに、どうしても食べたいと思う物もそれほどありません。

　それでも、時々国がなつかしくなって、帰りたいなと思うことはあります。ふるさとの何がなつかしくなるのだろうと考えてみるのですが、よくわかりません。

新しい漢字　派　遣　単　赴　任　当　影　響　寂　夢　我　慢

第7課

答えましょう

1. 父が日本で生活していたのは、いつですか。
2. どうして父はそのころ日本にいたのですか。
3. 父はどんな話をしてくれましたか。
4. 日本で寂しいとき、父はどうやって我慢しましたか。
5. この人は日本でホームシックになったことがありますか。
6. それはどうしてですか。
7. この人が時々ふるさとをなつかしく思うのはどうしてだと思いますか。

使いましょう

A 「～てくる」の使い方を練習しましょう。

a. 自分のほうへ来る

1. トイレに行こうとしたとき、先生が教室に入ってきました。
2. 電車のドアが開くと、外にいた人が先に乗ってきたので、なかなかおりられませんでした。
3. 国の両親が_____と言ってきました。

b. ～てから来る

1. 朝ご飯を食べてきましたから、心配しないでください。
2. 母の意見も知りたかったので、母に会ってそうだんしてきました。
3. _____ので、スーパーへ行って、_____。

c. 続ける

1. いっしょうけんめい勉強してきたので、先生にほめられてうれしかったです。
2. みんなといっしょにやってきたから、優勝できたと思います。
3. 休まないで_____から、_____ようになりました。

d. （時間が過ぎて少しずつ）～になる

1. 昼ごはんを食べ過ぎたらしく、おなかが痛くなってきた。
2. つかれてきたので、少し休みましょう。
3. ＿＿＿＿＿＿＿＿＿＿＿＿＿て、なみだが出てきました。

B 「～のは～からだ」の使い方を練習しましょう。

1. 最近ふとってきたのは、お酒を飲む機会が増えたからだと思います。
2. 顔色が悪いのはきのうあまり寝なかったからでしょう。
3. ＿＿＿＿＿＿＿＿＿＿のは＿＿＿＿＿＿＿＿＿＿からです。

C 「～ほど」の練習をしましょう。

1. 一人で生活するのははじめてなので、なみだが出るほど寂しくなることもあります。
2. 友達の話を聞いて、おなかが痛くなるほど笑いました。
3. ＿＿＿＿＿＿＿＿＿＿ときは、＿＿＿＿＿＿＿＿＿＿ほどこわかったです。

D 「～ば、～」の使い方を練習しましょう。

1. ゆっくり話してもらえば、相手の話すことはだいたいわかります。
2. 漢字を書かなければなかなか覚えられないので、毎日少しずつ練習しています。
3. ＿＿＿＿＿＿＿＿＿＿ば、だれでもやせられます。

書きましょう

A 「二つの文を一つにする」練習をしましょう。

例： 会社が父を派遣した。父が日本に単身赴任した。
　⇒ 父は会社に派遣されて、日本に単身赴任した。

第7課

1. 父が家族の所に帰ってきた。私が父に日本の話をしてもらった。
    ⇒ 父は_____と、_____。

2. エレナさんが私に本を貸した。私がエレナさんに本を返すのをわすれていた。
    ⇒ 私は_____。

3. 母が私をしかった。私が母のなみだの意味がわからなかった。
    ⇒ 私は_____とき、_____。

B 「～とき、～ていた」の練習をしましょう。

例：〔国に帰りたいと思う・家族に手紙を書く〕
    ⇒ 日本にいて、国に帰りたいと思ったとき、家族に手紙を書いていた。

1. 〔友達が遊びに来る・私がテレビを見る〕
    ⇒ きのう_____とき、私は_____いた。

2. 〔私が家に帰る・母が料理を作る〕
    ⇒ 夕方_____とき、母は_____いた。

3. 〔私が東京へ行く・このビルがまだ建てられていない〕
    ⇒ 去年_____とき、このビルは_____いなかった。

聞きましょう

CDを聞いて、次の質問に答えてください。

1. (　)　2. (　)　3. (　)　4. (　)　5. (　)

話しましょう

1. 自分の国や家族がなつかしいと思うのはどんなときですか。そんなとき、どうしますか。
2. 第7課を読んで、わかったことをかんたんに話してください。

第8課 水資源

覚えましょう

テーマ
連休(れんきゅう)
ブランド
身(み)につける
ペットボトル
信(しん)じる
資源(しげん)

思(おも)い思(おも)ニ
天候(てんこう)
(ブランド)品(ひん)
順番(じゅんばん)
水道(すいどう)
また

発言(はつげん)スル
波(なみ)
おしゃれナ・ニ
のど
飲(の)み水(みず)
貴重(きちょう)ナ・ニ

やってみましょう

みんなで考えましょう。

1. 一か月の水道代はいくらぐらいですか。

2. それは高いと思いますか、安いと思いますか。

3. 「氵(さんずい)」のつく漢字をたくさん考えて、「水」に関係のある言葉を集めてみましょう。

読みましょう

お風呂で水が飲めます

　先週の授業で、「日本に来て、びっくりしたことは何ですか」というテーマで話し合う時間がありました。みんな思い思いに発言したので、驚いたり、笑ったりする授業になりました。

　国では海が見られないので、連休を利用してわざわざ見に行ったのに、その日は天候が悪く、波が高くて怖かったという答えや小さな子どもがブランド品を身につけておしゃれをしているのにびっくりしたという答えがありました。自分の順番になって、私は、「お風呂の水が飲めることにびっくりしました」と答えました。みんなは意味がわからないという顔をしたので、説明しました。

　私は日本のお風呂が好きなので、よく長くお風呂に入ります。ぬるくして本や新聞を持って入ることもあります。そして、そんなときはのどがかわくので、ペットボトルを持ってお風呂に入っていました。お風呂にある水道の水は飲み水ではないと思っていたからです。でも、友達から飲めるよと教えてもらいました。私の国では、信じられないことです。

　それから、授業は水の話になりました。水は貴重な資源で、日本のようにどこででも水道の水が飲める国は少ないということがわかりました。また、「水」と「雨」が同じ言葉だという国の人もいて、クラスのみんなはびっくりしたけれど、それで水資源のことを考えることになりました。

新しい漢字　風* 呂 授 言* 連* 休* 波 怖 順 信 貴 重*

第8課

答えましょう

1. 授業のテーマは、何でしたか。
2. 海を見に行った人は、何と言いましたか。
3. ほかにどんな答えがありましたか。
4. これを書いた人は、どう答えましたか。
5. どうしてお風呂にペットボトルを持って入っていましたか。
6. 授業は、この後、どんな話になったと思いますか。
7. みなさんの国の水資源は豊かでしょうか。

使いましょう

A 「～て、～する／～です」の使い方を練習しましょう。

a. 感情を表す動詞

1. ほしいと思った洋服のねだんを見て、びっくりしました。
2. 父の病気がそれほど悪くないと聞いて、安心しました。
3. ＿＿＿＿＿＿＿＿＿＿＿＿＿＿＿＿＿て、驚きました。

b. 感情を表す形容詞

1. せんぱいから日本の生活はたいへんだという話を聞いて、少し心配です。
2. たんじょう日に国の友達から電話をもらって、とてもうれしかったです。
3. ＿＿＿＿＿＿＿＿＿＿＿＿＿＿＿＿＿＿＿＿＿＿て、怖かったです。

B 「～(の)に～する（感情を表す動詞）」の使い方を練習しましょう。

1. 知らない人の大声にびっくりしました。
2. トレイなどのプラスチックごみの多さに驚きました。
3. ＿＿＿＿＿＿＿＿＿＿＿＿＿＿＿＿に困りました。

水資源

C 「〜ので、〜のに、〜」の使い方を練習しましょう。

1. 急いでいたので、タクシーに乗ったのに、道がこんで、思ったより時間がかかってしまいました。
2. 雨がふると思ったので、かさを持ってきたのに、雨はふりませんでした。
3. ＿＿＿＿＿＿＿＿＿＿ので、＿＿＿＿＿＿＿＿＿＿のに、＿＿＿＿＿＿＿＿＿＿。

D 「〜と思っていた」の使い方を練習しましょう。

1. 子どものころからずっといつか日本へ行きたいと思っていました。
2. 日本は安全な国だと思っていたから、つい夜おそくまで遊んでしまいました。
3. ＿＿＿＿＿＿＿＿＿＿と思っていましたが、＿＿＿＿＿＿＿＿＿＿。

書きましょう

A 「〜こと」の練習をしましょう。

例:〔びっくりする〕
「日本へ来て、びっくりしたことは何ですか」
⇒ お風呂の水が飲めることです。

1. 〔うれしい〕
「今までで一番＿＿＿＿＿＿＿＿＿＿ことは何ですか」
⇒ ＿＿＿＿＿＿＿＿＿＿ことです。

2. 〔今もよく覚えている〕
「子どものときのことで、＿＿＿＿＿＿＿＿＿＿ことがありますか」
⇒ ＿＿＿＿＿＿＿＿＿＿ことです。

3. 〔今困っている〕
「＿＿＿＿＿＿＿＿＿＿ことがあれば、話してください」

第8課

⇒ ＿＿＿＿＿＿＿＿＿＿＿＿＿＿ことです。

B「～という～」の練習をしましょう。

例：「日本へ来て、びっくりしたことは何ですか」〔テーマ〕
　⇒「日本へ来て、びっくりしたことは何ですか」というテーマで話し合いました。

1. 「小さな子どもがブランド品を身につけているのにびっくりした」〔答え〕
　⇒ ＿＿＿＿＿＿＿＿＿＿＿＿＿＿＿＿＿＿＿＿＿＿＿がありました。

2. 「意味がわからない」〔顔〕
　⇒ みんなは＿＿＿＿＿＿＿＿＿＿＿＿＿＿＿＿＿＿＿＿をしました。

3. 「人や動物には水は貴重だ」〔こと〕
　⇒ ＿＿＿＿＿＿＿＿＿＿＿＿＿＿＿＿＿＿＿＿＿＿＿がわかりました。

聞きましょう

CDを聞いて、次の質問に答えてください。

1.（　）　2.（　）　3.（　）　4.（　）　5.（　）

話しましょう

1. 水がたりなくて困った経験がありますか。
2. 第8課を読んで、わかったことをかんたんに話してください。

第9課 癒し

覚えましょう

ストレス　　　　　　たまる　　　　　　　ホワイトボード
マーカー　　　　　　いっせいに　　　　　癒（いや）す
理（り）解（かい）スル　　　　ディスカッション　　口（くち）にする
追（お）う　　　　　　　肉（にく）体（たい）的（てき）ナ・ニ　　　精（せい）神（しん）的（てき）ナ・ニ
特（とく）に　　　　　　　車（しゃ）内（ない）　　　　　　放（ほう）送（そう）スル
アナウンススル　　　感（かん）じる　　　　　　過（す）ごす

やってみましょう

友達に聞いてみましょう。

1. 毎日いそがしいですか。

2. どんなときに、ストレスを感じますか。

3. そんなとき、何をしますか。

読みましょう

「ストレス」が授業でした

　先生がホワイトボードにマーカーで言葉を書かれると、みんながいっせいに「難(むずか)しい！」と大きな声を出しました。「書けません」と言う人もいました。ホワイトボードに書かれた言葉は「癒(いや)す」でした。
　「病気やけがをなおす」という意味はすぐに理解(りかい)できました。それから、
5　「癒す」についてディスカッションが始まりました。最初は疲れを「癒す」にはどんな方法があるのかというテーマで話し合いました。ところが、先生が「ストレス」という言葉を口にされると、癒しの方法より、ストレスとは何だろうという話になっていきました。
　毎日がいそがしくて、時間に追(お)われてばかりいて、肉体的(てき)にも精神的(せいしんてき)にも
10　疲(つか)れる、特(とく)に、精神的な疲れがストレスだと言う人がいました。仕事での人間関係が難しくて、それもストレスになるのではと言う人もいました。電車の車内放送(ほうそう)や駅のアナウンスがうるさくて、しゅくだいができないからストレスを感(かん)じると言う人がいて、みんなで笑いました。
　みんながストレスについて自分の考えを話した中に、自分は日本へ来るま
15　でこんなにいそがしい時間を過ごした経験はなかった、まわりに会社ではたらく人も少なかったので、「日本で生活を始めるまでは、ストレスのことなど考えたこともない」という意見も出ました。その人は、「では、国ではストレスはたまらないのですか」と聞かれて、「いや…」と返事に困っていました。

新しい漢字　難　癒　解　疲　追　的　精　神　特　放　送*　感

答えましょう

1. みんなが大きな声を出したのは、どうしてですか。
2. 「癒す」というのはどんな意味ですか。
3. 最初はどんなテーマで話し合いましたか。
4. その後、どんな話になりましたか。
5. みんなはどんなことがストレスになると思っていますか。
6. ある人が「国ではストレスのことなど考えたこともない」と言ったのはどうしてですか。
7. その人が返事に困ったのはどうしてでしょうか。

使いましょう

A 「～と、～」の使い方を練習しましょう。

a. ～と、〔現在〕

1. 先生が教室に入ると、せいとたちはいっせいに立ってあいさつをします。
2. 私はお酒を飲むと、顔が赤くなります。
3. ＿＿＿＿＿＿＿＿＿＿＿＿と、ストレスを感じます。

b. ～と、〔過去〕

1. 先生が「癒す」という言葉を書くと、みんながいっせいに大声を出しました。
2. 東京駅に着くと、友達がむかえに来ていました。
3. あの人は大学を卒業すると、すぐ＿＿＿＿＿＿＿＿＿＿＿＿＿。

B 「～ていく」の使い方を練習しましょう。

a. 自分から遠くへ行く

1. 長い間待たせてしまったので、おきゃくさんはおこって店を出ていきました。
2. 友達が乗った飛行機が飛んでいって、見えなくなるまでずっと見送っていました。
3. ＿＿＿＿＿＿＿＿＿＿＿＿＿けれども、＿＿＿＿＿＿＿＿＿＿＿＿＿はにげていきました。

b. 〜てから行く

1. あの店でコーヒーでも飲んでいきませんか。
2. 今日はうちで晩ご飯を食べていってください。
3. ＿＿＿＿＿＿＿＿＿＿から、＿＿＿＿＿＿＿＿＿＿を買っていきましょう。

c. 続ける

1. 結婚しても仕事はやっていくつもりです。
2. 日本で生活していくために、日本語がじょうずになりたいのです。
3. これからも＿＿＿＿＿＿＿＿＿＿ていこうと思っています。

d. (時間が過ぎて少しずつ)〜になる

1. 子どもが大きくなっていくのを感じると、うれしいような寂しいような気持ちになります。
2. 日本の人口はだんだん少なくなっていくでしょう。
3. ＿＿＿＿＿＿＿＿＿＿はこれから増えていくだろうと思います。

C 「〜てばかりいる」の使い方を練習しましょう。

1. 遊んでばかりいないで、少しは勉強しなさい。
2. お父さんは休みの日になると、一日中寝てばかりいます。
3. ＿＿＿＿＿＿＿＿＿＿てばかりいるので、＿＿＿＿＿＿＿＿＿＿。

D 「〜など〜も〜ない」の使い方を練習しましょう。

1. あの男の顔など見たくもない。
2. 人がたくさんいる所など行こうとも思わない。
3. ＿＿＿＿＿＿＿＿＿＿など、＿＿＿＿＿＿＿＿＿＿たこともない。

書きましょう

A 「～(ら)れる〔尊敬語〕」の練習をしましょう。

例：〔先生がホワイトボードに言葉を書く・みんながいっせいに大声を出す〕
　⇒　先生がホワイトボードに言葉を書かれると、みんながいっせいに大声を出しました。

1. 〔校長先生が話す・学生たちは静かになる〕
　⇒　_____と、_____。

2. 〔社長が車に乗る・会社の人たちが見送る〕
　⇒　_____のを_____。

3. 〔友達のお父さんとお母さんが日本へ遊びに来る・私がいっしょに案内してあげる〕
　⇒　_____とき、_____。

B 「～(ら)れる〔受身形〕」の練習をしましょう。

例：〔先生がよぶ〕
　⇒　私は先生によばれて、「はい」と返事をしました。

1. 〔けいさつが追う〕
　⇒　どろぼうは_____て、_____。

2. 〔母がしかる〕
　⇒　弟は_____ても、_____のをやめません。

3. 〔クラスメートが笑う〕
　⇒　私は_____ので、_____と思いました。

第9課

聞きましょう

CDを聞いて、次の質問に答えてください。

1. (　　)　　2. (　　)　　3. (　　)　　4. (　　)　　5. (　　)

話しましょう

1. 自分の国にいるときと外国で生活しているときのストレスは同じでしょうか。
2. 第9課を読んで、わかったことをかんたんに話してください。

第10課 背景

覚えましょう

背景(はいけい)	正門(せいもん)	うら門(もん)
立ち入り(たちいり)〔←立ち入る〕	禁止(きんし)スル	しゅえい
校内(こうない)	(校)内(こうない)	ごそごそスル
電子辞書(でんしじしょ)	えがお	胸元(むなもと)
事務所(じむしょ)	以来(いらい)	そえる
担当(たんとう)スル	個人的(こじんてき)ナ・ニ	モザイク
もよう	～として	つぶさに

やってみましょう

みんなで考えましょう。

1. この絵は何に見えますか。
   (1) 
   (2)

2. 線の長さは同じでしょうか。
   (1) 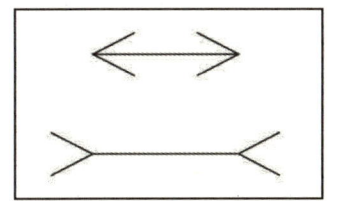
   (2)

読みましょう

名前でよばれました

　忘れ物をしたので、学校へ取りに行きました。土曜日で授業はなく、正門は閉まっていたのでうら門へ行ったのですが、立ち入り禁止だと言われてしまいました。しゅえいさんに事情を説明して、校内に入れてもらいました。女の人がおそうじをしていたので、「すみません」と言って教室に入りました。忘れ物をさがして自分のつくえのまわりでごそごそしていると、「ヤオさんですか」と、その女の人に名前をよばれたので、びっくりしてしまいました。返事をすると、「これですか」と言って、私の名前を書いた電子辞書をわたしてくれました。

　次にその人に会ったとき、その人は「おはよう、ヤオさん」と、えがおであいさつをしてくれました。私もあいさつを返したのですが、胸元につけた名札の漢字が読めなかったので、「おはよう」とだけしか言えませんでした。後で、事務所の人に読み方を聞いて、柘植さんだと知りました。

　それ以来私も、「おはよう、柘植さん」と名前をそえて、あいさつをするようになりました。おそうじ担当の女の人は何人かいらっしゃるのですが、柘植さんとは個人的な話もするようになりました。

　前に授業で、「それまでは背景として見ていた物も、よく見るとモザイクもようのようにいろいろな物からできている。その一つひとつをつぶさに見てみることも大切だ」という文を習ったことがあります。私は、柘植さんを知って、本当にそうだなと思いました。

新しい漢字　忘　閉　禁　止*　情　子*　胸　元*　札*　担　背　景

答えましょう

1. 学校へ何をしに行ったのですか。
2. 校内にはだれがいましたか。
3. 柘植さんはどうしてヤオさんの名前を知っていたのですか。
4. 柘植さんと個人的な話をするようになったのは、どうしてですか。
5. 柘植さんと知り合ったことで、何を思い出しましたか。
6. それはどんな意味だと思いますか。
7. この文を書いた「ヤオさん」が言いたかったことはどんなことでしょうか。

使いましょう

A 「〜(ら)れる」の使い方を練習しましょう。

a. 人 ⇒ 人

1. 先生に「もっと勉強しないと、大学には行けませんよ」と言われてしまいました。
2. 弟は小学校に入るまでおばあさんの所で育てられました。
3. 子どものころ、＿＿＿＿＿＿＿＿＿＿て、＿＿＿＿＿＿＿＿＿＿にほめられたことがあります。

b. 人 ⇒ 人の物

1. はじめて会った人に名前をよばれたので、びっくりしました。
2. 空港でかばんをあけられて、いろいろ調べられました。
3. 私は＿＿＿＿＿＿＿＿＿を＿＿＿＿＿＿＿＿＿れて／られて、＿＿＿＿＿＿＿＿＿。

c. こと ⇒ 人

1. いっしょに仕事をしていた人にやめられて、アルバイトの仕事が急にいそがしくなりました。
2. きのう学校から帰るとき、雨にふられて、かぜをひいてしまいました。
3. ＿＿＿＿＿＿＿＿＿に＿＿＿＿＿＿＿＿＿て、困りました。

第10課

d. （人 ⇒）物

1. このおてらは千年以上前に建てられたものだそうです。
2. 日本で一番多く読まれている新聞は何ですか。
3. ＿＿＿＿＿＿＿＿＿＿は若い人たちに＿＿＿＿＿＿＿＿＿＿れて／られています。

B 「〜てもらう」の使い方を練習しましょう。

1. 私は母にたのんで、料理の作り方を教えてもらいました。
2. 新しいコンピュータを買いたかったので、コンピュータのことをよく知っている友達にいっしょに店へ行ってもらいました。
3. 一人でできなかったので、＿＿＿＿＿＿＿＿＿＿に＿＿＿＿＿＿＿＿＿＿てもらいました。

C 「〜て以来」の使い方を練習しましょう。

1. 交通事故で入院して以来、車に乗るのをやめてしまいました。
2. 兄とは去年国へ帰って以来、一年近く会っていません。
3. ＿＿＿＿＿＿＿＿＿＿て以来、＿＿＿＿＿＿＿＿＿＿。

D 「〜として」の使い方を練習しましょう。

1. アルバイトの人が新しく入ってきたので、私はせんぱいとしていろいろ教えてあげました。
2. この教室は図書室として使われています。
3. 私は＿＿＿＿＿＿＿＿＿＿人として＿＿＿＿＿＿＿＿＿＿。

書きましょう

A 「〜て、〜と、〜」の練習をしましょう。

例：〔二つ目のかどを左へまがる ⇒ 橋をわたる ⇒ まっすぐ行く ⇒ 右側に図書館がある〕
　⇒ 二つ目のかどを左へまがって、橋をわたって、まっすぐ行くと、右側に図書館があります。

1. 〔教室に入る ⇒ つくえの上に本を出す ⇒ 先生を待っている ⇒ 友達が「今日の授業は301教室だよ」と教えてくれた〕
　⇒

2. 〔お金を入れる ⇒ ボタンをおす ⇒ 少し待つ ⇒ おいしいコーヒーが飲める〕
　⇒

3. 〔うちへ帰る ⇒ シャワーをあびる ⇒ 晩ご飯を食べる ⇒ しゅくだいをする ⇒ だいたい九時ごろになる〕
　⇒

B 「〜だけしか(〜ない)」の練習をしましょう。

例：〔三日間だけいた〕
　⇒ 先週両親が遊びに来ましたが、長い休みがとれないので、三日間だけしかいなかった。

1. 〔一本だけ残っていた〕
　⇒ 金曜日の夜、友達が遊びに来てくれたが、ビールが＿＿＿＿＿＿＿＿＿＿＿ので、買いに行った。

2. 〔「はい」とだけ答えた〕
　⇒ はじめて会った日本の人にいろいろ聞かれたが、日本語がよくわからなかっ

たので、＿＿＿＿＿＿＿＿＿＿＿＿。

3. 〔日本でだけ買える〕
   ⇒ ちょっと高かったけれども、この本は＿＿＿＿＿＿＿＿＿＿ので、買ってしまった。

聞きましょう

CDを聞いて、次の質問に答えてください。

1.（　）　2.（　）　3.（　）　4.（　）　5.（　）

話しましょう

1. 今まで見ていなかったことに気がついたという経験がありますか。
2. 第10課を読んで、わかったことをかんたんに話してください。

第11課 国際化

覚えましょう

十分ナ・ニ
気をつかう
へだてる
監視スル
たつ
そのつど

返答スル
メンバー
場所
持ち出す
就職スル
考え込む

何となく
さく
動物園
扱い〔←扱う〕
面接スル

やってみましょう

友達と話し合ってみましょう。

1. 日本人の友達がいますか。

2. 日本人の友達といつもどんな話をしますか。

3. 日本の人がよくする質問がありますか。

読みましょう

私、お客様ですか

　日本に来るまでは、考えたことも聞かれたこともなかった質問が、「嫌な思いをしたことはありませんか」という質問です。はじめは、どうしてそんなことを聞かれるのだろうと十分に理解できなくて、返答(へんとう)に困りました。それでも、何となくわかってきたことは、私が外国人だからまわりの人たちが
5 気をつかって、「みんな親切ですか、困ったことはありませんか」とたずねてくれているのだということです。私を家族のメンバーのように思って、心配して聞いてくれているのだと思っていました。それが、何度も何度も同じことを聞かれ続けていると、だんだん、私と日本の人たちとの間は、目に見えないさくのような物でへだてられていて、日本の人たちがどこか違う場所
10 から私のことを動物園の動物のように監視(かんし)しているのではないのだろうかと思うようになりました。

　この前学校で私がその話を持ち出すと、先輩(せんぱい)が「私たちはここでは『お客様』扱(あつか)いなんだ」と言いました。あまり意味がわからなさそうな顔をしていたのか、先輩は私にこんな説明をしてくれました。「『お客様』は、時間が
15 たてば家に帰るから、自分の家にいる間はいっしょうけんめい親切にしてくれます。けれども、帰らない人にはそうではありません。私は日本で就職(しゅうしょく)しようと思って何度も面接(めんせつ)を受けていますが、そのつど、日本の人は『お客様』ではない外国人には冷たいのだなと思いました」

　何人かの先輩にこの話をすると、「わかる、わかる」との答えだったので、
20 私も「お客様」なのかなと考え込んでしまいました。

新しい漢字　客　答＊　監　視　輩　扱　就　職　面　接

答えましょう

1. どんな質問をされて、返答に困りましたか。
2. その質問をされるのは、どうしてだと思いましたか。
3. 何度も同じことを聞かれて、どんなことを思うようになりましたか。
4. 自分の考えを先輩に話したとき、先輩は何と言いましたか。
5. それはどんな意味ですか。
6. 先輩がそう思うようになったのは、どうしてですか。
7. みなさんは自分が「お客様だ」と感じたことがありますか。

使いましょう

A 「～から、～のだ」の使い方を練習しましょう。

1. 友達とけんかをした後で、自分が嫌なことを言ったから、相手をおこらせたのだと思って、かなしくなりました。
2. 雨の日は嫌ですが、雨がふるからお米が実るのです。雨がふらないと、困りますよ。
3. ＿＿＿＿＿＿＿＿＿＿から、＿＿＿＿＿＿＿＿＿＿のです。

B 「～は～ということだ」の使い方を練習しましょう。

1. 「気をつかう」というのはまわりの人の気持ちを考えるということだ。
2. 仕事をしてみてわかったことは、どんな仕事も必ずだれかの役に立っているということです。
3. ＿＿＿＿＿＿＿＿＿＿は＿＿＿＿＿＿＿＿＿＿ということです。

C 「～ようだ」の使い方を練習しましょう。

a. 例として上げる

1. あの人が着ているような明るい色のシャツがほしい。

第11課

2. 日本人のように日本語がじょうずになりたいです。
3. ＿＿＿＿＿＿＿＿＿＿ように＿＿＿＿＿＿＿＿＿＿へ旅行に行きたいです。

b. ほかの物で説明する

1. 今日は春のようなあたたかさになりました。
2. 今日は春のようにあたたかくなりました。
3. ＿＿＿＿＿＿＿＿＿＿は、＿＿＿＿＿＿＿＿＿＿ようにきれいです。

D 「～そうだ」の使い方を練習しましょう。

a. 見たこと

1. チンさんはつまらなさそうな顔をして、音楽を聞いています。
2. ベンさんはうれしそうにメールを読んでいます。
3. ＿＿＿＿＿＿＿＿＿＿は古くて、＿＿＿＿＿＿＿＿＿＿そうです。

b. 感じたこと

1. このベッドなら、よくねむれそうです。
2. リンダさんは何か困っていることがありそうです。
3. 先生にお願いすれば、＿＿＿＿＿＿＿＿＿＿ができそうです。

国際化

書きましょう

A 「〜のか」の練習をしましょう。

例：〔学生たちはみんな困ったような顔をしている〕
　⇒ 質問が難しかったのか、学生たちはみんな困ったような顔をしています。

1. 〔学生たちはわからなさそうな顔をしている〕
　⇒

2. 〔相手をおこらせてしまった〕
　⇒

3. 〔テストはあまりできなかった〕
　⇒

B 「そのつど」の練習をしましょう。

例：山田さんはよく旅行に行くのですが、そのつど、私におみやげを買ってきてくれます。

1. よく父といっしょに出かけるのだが、そのつど、＿＿。

2. 母は私のふくそうを見て、そのつど、＿＿。

3. 日本語の発音が悪いと、そのつど、＿＿。

第11課

聞きましょう

CDを聞いて、次の質問に答えてください。

1.（　）　2.（　）　3.（　）　4.（　）　5.（　）

話しましょう

1. どんなとき日本人は親切だと思いますか。また、冷たいと思いますか。
2. 第11課を読んでわかったことをかんたんに話してください。

第12課 自分の文化

覚えましょう

数(かぞ)える	(習(なら)い)たて	にっこりスル
ふる	(話(はな)し)終(お)える	かかす
構造(こうぞう)	しょうじ	ふすま
役割(やくわり)	興味(きょうみ)	ていねいナ・ニ
造(つく)り〔←造(つく)る〕	建具(たてぐ)	この間(あいだ)
町内(ちょうない)	国際(こくさい)	交流(こうりゅう)スル
集(つど)い〔←集(つど)う〕	はずかしい	知(し)らせる
必要(ひつよう)ナ・ニ	深(ふか)い	

やってみましょう

友達に聞いてみましょう。

1. 「いただきます」「ごちそうさまでした」は国の言葉で何ですか。

2. 先に乗っている人にエレベーターのドアをあけてもらったら、何と言いますか。

3. 「わたし」と同じ意味の言葉はほかにいくつぐらいあるでしょうか。

読みましょう

ウサギが数えられます

　日本語の授業で物の数え方を勉強しているとき、先生が「ウサギは何と数えるのでしょう」と聞かれました。みんなが習いたての「匹」を使って「一匹、二匹」と答えたときに、先生はにっこりして、首を横にふられました。そして、ウサギの数え方は、日本文化と関係があるという話をしてくださいました。話し
5 終えてから、「言葉の勉強には、文化の勉強がかかせない」とおっしゃいました。
　そのとき、私も、本当にそうだと思いました。ウサギの話を聞いてから、日本語を勉強するときに、文化的な背景を考えるようになりました。それで、週に一回ある「日本文化紹介」の授業でも、先生が日本の家の構造やしょうじやふすまの役割を話されたとき、いろいろな質問をしました。先生は学生たちに興味を持たせ
10 るように、ていねいに答えてくださいました。でも、先生から私の国ではどうかとたずねられたときには、家の造りや建具についてほとんど説明できませんでした。
　この間、私の住んでいる町内で国際交流の集いがあって、私と何人かの外国人が招待されました。私の国に興味を持っている方が何人かいらっしゃって、質問をされたのですが、私は「すみません。また調べておきます」
15 と返事することが多くて、はずかしかったです。
　今、私はもっと自分の文化を勉強したいと思っています。町内会でされた質問にも答えられるようになりたいし、自分の文化を日本の人たちに知らせたい、理解してほしいと思うからです。先生が「言葉の勉強には、文化の勉強がかかせない」とおっしゃったのは、日本文化だけではなく、自分の文化も勉強することが必要
20 だということだったのだと思います。「そうすれば、日本語の勉強や日本での生活がもっと深く理解できて、意味のあるものになりますよ」ということだったのです。

新しい漢字　　数＊　匹　構　造　割　興　造＊　具　際　流　集＊　必＊　要　深

自分の文化

答えましょう

1. いつ、言葉の勉強に文化の勉強も必要だと思うようになりましたか。
2. それから、何を考えるようになりましたか。
3. 先生に、自分の文化のことを聞かれたときに、どうしましたか。
4. 町内会で、どんな経験をしましたか。
5. それから、どんなことを考えるようになりましたか。
6. 外国語の勉強や外国での生活を意味のあるものにするとは、どういうことですか。
7. 自分の文化を知ることに、どんな意味があると思いますか。

使いましょう

A 「～は～と関係がある」の使い方を練習しましょう。

1. この病気は生活習慣と関係がある。
2. あの男は殺された人と何か関係がありそうだ。
3. ＿＿＿＿＿＿＿＿＿＿は＿＿＿＿＿＿＿＿＿＿とはぜんぜん関係がない。

B 「使役」の使い方を練習しましょう。

a. A→B〔AさんがBさんにしてもらいたいとき〕

1. 先生は学生に作文を書かせました。
2. 母は弟をサッカーの練習に行かせました。
3. 子どものころ、父はよく＿＿＿＿＿＿＿＿＿＿。

b. A→B〔BさんがしたいことをAさんがさせるとき〕

1. 私が「ピアノが習いたい」と言ったら、母が「じょうずにひけるようになるまでやめてはいけませんよ」と言って、習わせてくれました。
2. すみませんが、今日は少し早く帰らせてください。
3. 私は＿＿＿＿＿＿＿＿＿＿に＿＿＿＿＿＿＿＿＿＿(さ)せてくださいとたのみました。

第12課

C 「〜てほしい」の使い方を練習しましょう。

1. 国の両親にこの手紙をわたしてほしいのですが、お願いできますか。
2. もし、私が日本語を間違えたら、いつでも直してほしいです。
3. 私は_____に_____てほしいと思っています。

D 「必要」の使い方を練習しましょう。

a. 〜が必要だ

1. 話し合うためには、まず、相手の話をよく聞くことが必要だ。
2. やせたいなら、毎日運動することが必要だ。
3. いい会社に就職しようと思えば、_____ことが必要だ。

b. 〜必要がある

1. 熱があったので、病院に行ったら、医者に「今すぐ入院する必要がある」と言われて、困った。
2. 留学する前に、日本の文化や生活について知っておく必要がある。
3. _____から、_____必要はない。

書きましょう

A 「尊敬語」の練習をしましょう。

尊敬語を使って、書いてください。
例:　先生が「質問がありますか」と聞いたので、質問をしたら、とてもていねいに説明してくれました。
　　⇒　先生が「質問がありますか」と聞かれたので、質問をしたら、とてもていねいに説明してくださいました。

1. 「客が店に入って来たとき、店を出て行くときは、えがおであいさつをしなさい」

といつも店の人に言われます。
⇒

2. 先輩が「大学でパーティーがあるから来ないか」と言ってくれたので、友達といっしょに行ってみましたが、先輩はいませんでした。
⇒

3. 重そうな荷物を持ってかいだんを上がっていたお年寄りを手伝ってあげると、とてもうれしそうな顔をして、「ありがとう」と言いました。
⇒

B 「そうすれば」の練習をしましょう。

例：日本の文化だけでなく、自分の文化も勉強しましょう。そうすれば、日本語の勉強や日本での生活がもっと深く理解できます。

1. 一日三十分は歩きましょう。また、エレベーターなどを使わず、かいだんを上がりましょう。そうすれば、＿＿＿＿＿＿＿＿＿＿＿＿＿＿＿。

2. 毎日早く寝て、早く起きるといいです。そうすれば、＿＿＿＿＿＿＿＿＿＿＿＿＿＿＿。

3. 日本語を使う機会があれば、できるだけ日本語で話したほうがいいです。そうすれば、＿＿＿＿＿＿＿＿＿＿＿＿＿＿＿。

聞きましょう

CDを聞いて、次の質問に答えてください。

1. (　)　2. (　)　3. (　)　4. (　)　5. (　)

第12課

話しましょう

1. みなさんは、自分の文化について、どんなことを知っていますか。
2. 第12課を読んでわかったことをかんたんに話してください。

『テーマ別　中級までに学ぶ日本語』語彙・表現リスト

(リストで「中1」「上1」等と表示されたものは、それぞれ『テーマ別　中級から学ぶ日本語』第1課、『テーマ別　上級で学ぶ日本語』第1課で新しい語彙・表現扱いされているものです。)

課別五十音順

[第1課]
あいて　相手　[中7]
アドバイス
ある〜　[中5]
いつのまにか　いつの間にか　[中9]
うまい
かならず　必ず　[中19]
きがつく　気がつく　[中13]
きにする　気にする　[中13]
コミュニケーション　[中18]
ころ　[中4]
せいかく　正確ナ・ニ　[中13]
なおす　直す　[中2]
ぬるい
へいき　平気ナ・ニ　[中17]
ほう　(勉強)法
ぼご　母語
やくにたつ　役に立つ　[中1]
りゆう　理由　[中5]

[第2課]
いっぱい　一杯　[中5]
キュウリ
くさる
けいけん　経験スル　[中12]
こ　(一)個　[上2]
ごみ
ごみばこ　ごみ箱
さ　(多)さ

しゅうしゅう　収集スル
スーパー
すぐ
〜ずつ
つづける　続ける　[中4]
トマト
トレイ
なっとう
ビニール
ぶん　分　[上2]
べんり　便利ナ・ニ　[中1]
もつ

[第3課]
あう　(こわい目に)あう
あかり　明かり
いぶんか　異文化　[中22]
かい　階
きゅうきゅうしゃ　救急車
こわい　[中11]
サイレン
そうおん　騒音
ときどき　時々　[中4]
どなる
なれる　慣れる　[中2]
のぞく
バイク
パトカー
ぶんか　文化　[中6]
ましナ・ニ
みおとす　見落とす

め (こわい)目
やかましい

[第4課]
かえりみち　帰り道
かしょ　(一)か所
きゅうしょく　給食
クラスメート　[上15]
けんがく　見学スル
しげんごみ　資源ごみ
じこく　自国
じこしょうかい　自己紹介スル
しばらく　[中2]
しょうがくせい　小学生　[上7]
ぜんぜん　ぜんぜん(～ない)　[中1]
だまる
ちり　地理
てをつける　手をつける
どうにかスル
～について
のこす　残す　[中7]
も　(何人)も
もったいない
もやす　燃やす
ゆたか　豊かナ・ニ
リサイクルスル

[第5課]
あわせる　合わせる　[中13]
うつわ　器
うりば　売り場
おとしより　お年寄り　[中4]
コーナー
コンビニ
しなかず　品数
しゃ　(利用)者　[中16]

しょくざい　食材
そうざい
ターゲット
ひろげる　広げる
ふやす　増やす　[上7]
みこん　未婚
～むき　～向き
りこん　離婚スル
わかもの　若者　[中12]

[第6課]
あんしん　安心ナ・ニ・スル　[中8]
あんぜん　安全ナ・ニ　[上3]
おかしな
おき　(数百メートル)おき　[上2]
おじいちゃん
おばあちゃん
グループ
しんぱい　心配ナ　[中4]
すう　数(百)　[上2]
すがた　姿
つうがく　通学スル
てにする　手にする
なかがいい　仲がいい
ふざける
みちばた　道ばた
みまもる　見守る　[中20]
めったに　めったに(～ない)
れつ　列　[中25]

[第7課]
Eメール
インターネット
えいきょう　影響スル　[中8]
おこる　起こる　[中11]
おもいで　思い出　[中2]

語彙・表現リスト

がまん　我慢スル　[中4]
それほど
たびたび
たんしんふにん　単身赴任スル
つたわる　伝わる　[中7]
てにはいる　手に入る
とうじ　当時　[中19]
なつかしい　[中14]
なみだ　[中23]
はけん　派遣スル
ふるさと　[中14]
ホームシック
ゆめ　夢　[中14]

[第8課]
おしゃれナ・ニ
おもいおもい　思い思いニ
きちょう　貴重ナ　[上5]
しげん　資源　[中21]
じゅんばん　順番
しんじる　信じる　[中8]
すいどう　水道
テーマ　[中22]
てんこう　天候
なみ　波　[中22]
のど
のみみず　飲み水
はつげん　発言スル
ブランド
ひん　（ブランド）品
ペットボトル
また　[中1]
みにつける　身につける　[中6]
れんきゅう　連休

[第9課]
アナウンススル　[中7]
いっせいに　[中22]
いやす　癒す
おう　追う　[中10]
かんじる　感じる　[中13]
くちにする　口にする　[中5]
しゃない　車内
すごす　過ごす　[中10]
ストレス
せいしんてき　精神的ナ・ニ　[中6]
たまる
ディスカッション
とくに　特に　[中24]
にくたいてき　肉体的ナ・ニ
ほうそう　放送スル
ホワイトボード
マーカー
りかい　理解スル　[中15]

[第10課]
いらい　以来　[中21]
うらもん　うら門
えがお　[中10]
きんし　禁止スル　[中7]
こうない　校内
こじんてき　個人的ナ・ニ　[中15]
ごそごそスル
じむしょ　事務所
しゅえい
せいもん　正門
そえる　[中14]
たちいり　立ち入り　[←立ち入る]
たんとう　担当スル
つぶさに
でんしじしょ　電子辞書

73

語彙・表現リスト

～として ［中11］
ない （校)内 ［中18］
はいけい 背景
むなもと 胸元
モザイク
もよう

[第11課]
あつかい 扱い［←扱う］ ［中19］
かんがえこむ 考え込む
かんし 監視スル
きをつかう 気をつかう
さく
しゅうしょく 就職スル ［中13］
じゅうぶん 十分ナ・ニ ［中10］
そのつど
たつ ［中11］
どうぶつえん 動物園 ［上12］
なんとなく 何となく
ばしょ 場所 ［中2］
へだてる ［中23］
へんとう 返答スル
めんせつ 面接スル
メンバー
もちだす 持ち出す

[第12課]
おえる （話し)終える ［上4］
かかす
かぞえる 数える
きょうみ 興味
こうぞう 構造
こうりゅう 交流スル ［中22］
こくさい 国際 ［中2］
このあいだ この間 ［中3］
しょうじ ［上13］
しらせる 知らせる ［中2］
たて （習い)たて
たてぐ 建具
ちょうない 町内
つくり 造り［←造る］ ［上7］
つどい 集い［←集う］
ていねい ［中15］
にっこりスル ［中19］
はずかしい ［上4］
ひつよう 必要ナ・ニ ［中6］
ふかい 深い ［上2］
ふすま
ふる ［上4］
やくわり 役割 ［中18］

語彙・表現リスト

総新出語彙・表現五十音順

あ

あいて　相手　[中7] …… 1課
あう　(こわい目に)あう …… 3課
あかり　明かり …… 3課
あつかい　扱い[扱う]　[中19] …… 11課
アドバイス …… 1課
アナウンススル　[中7] …… 9課
ある〜　[中5] …… 1課
あわせる　合わせる　[中13] …… 5課
あんしん　安心ナ・ニ・スル　[中8] …… 6課
あんぜん　安全ナ・ニ　[上3] …… 6課
Eメール …… 7課
いっせいに　[中22] …… 9課
いつのまにか　いつの間にか　[中9]
　…… 1課
いっぱい　一杯　[中5] …… 2課
いぶんか　異文化　[中22] …… 3課
いやす　癒す …… 9課
いらい　以来　[中21] …… 10課
インターネット …… 7課
うつわ　器 …… 5課
うまい …… 1課
うらもん　うら門 …… 10課
うりば　売り場 …… 5課
えいきょう　影響スル　[中8] …… 7課
えがお　[中10] …… 10課
おう　追う　[中10] …… 9課
おえる　(話し)終える　[上4] …… 12課
おかしな …… 6課
おき　(数百メートル)おき　[上2] …… 6課
おこる　起こる　[中11] …… 7課
おじいちゃん …… 6課
おしゃれナ・ニ …… 8課
おとしより　お年寄り　[中4] …… 5課
おばあちゃん …… 6課
おもいおもい　思い思いニ …… 8課
おもいで　思い出　[中2] …… 7課

か

かい　階 …… 3課
かえりみち　帰り道 …… 4課
かかす …… 12課
かしょ　(一)か所 …… 4課
かぞえる　数える …… 12課
かならず　必ず　[中19] …… 1課
がまん　我慢スル　[中4] …… 7課
かんがえこむ　考え込む …… 11課
かんし　監視スル …… 11課
かんじる　感じる　[中13] …… 9課
きがつく　気がつく　[中13] …… 1課
きちょう　貴重ナ　[上5] …… 8課
きにする　気にする　[中13] …… 1課
きゅうきゅうしゃ　救急車 …… 3課
きゅうしょく　給食 …… 4課
キュウリ …… 2課
きょうみ　興味 …… 12課
きをつかう　気をつかう …… 11課
きんし　禁止スル　[中7] …… 10課
くさる …… 2課
くちにする　口にする　[中5] …… 9課
クラスメート　[上15] …… 4課
グループ …… 6課
けいけん　経験スル　[中12] …… 2課
けんがく　見学スル …… 4課
こ　(一)個　[上2] …… 2課
こうぞう　構造 …… 12課
こうない　校内 …… 10課
こうりゅう　交流スル　[中22] …… 12課
コーナー …… 5課

語彙・表現リスト

こくさい　国際　[中2]	12課
こじんてき　個人的ナ・ニ　[中15]	10課
ごそごそ　ごそごそスル	10課
このあいだ　この間　[中3]	12課
ごみ	2課
ごみばこ　ごみ箱	2課
コミュニケーション　[中18]	1課
ころ　[中4]	1課
こわい　[中11]	3課
コンビニ	5課

さ

さ　(多)さ	2課
サイレン	3課
さく	11課
しげん　資源　[中21]	8課
しげんごみ　資源ごみ	4課
じこく　自国	4課
じこしょうかい　自己紹介スル	4課
しなかず　品数	5課
しばらく　[中2]	4課
じむしょ　事務所	10課
しゃ　(利用)者　[中16]	5課
しゃない　車内	9課
しゅうしゅう　収集スル	2課
しゅうしょく　就職スル　[中13]	11課
じゅうぶん　十分ナ・ニ　[中10]	11課
しゅえい	10課
じゅんばん　順番	8課
しょうがくせい　小学生　[上7]	4課
しょうじ　[上13]	12課
しょくざい　食材	5課
しらせる　知らせる　[中2]	12課
しんじる　信じる　[中8]	8課
しんぱい　心配ナ　[中4]	6課
すいどう　水道	8課
すう　数(百)　[上2]	6課
スーパー	2課
すがた　姿	6課
すぐ	2課
すごす　過ごす　[中10]	9課
～ずつ	2課
ストレス	9課
せいかく　正確ナ・ニ　[中13]	1課
せいしんてき　精神的ナ・ニ　[中6]	9課
せいもん　正門	10課
ぜんぜん　ぜんぜん(～ない)　[中1]	4課
そうおん　騒音	3課
そうざい	5課
そえる　[中14]	10課
そのつど	11課
それほど	7課

た

ターゲット	5課
たちいり　立ち入り　[←立ち入る]	10課
たつ　[中11]	11課
たて　(習い)たて	12課
たてぐ　建具	12課
たびたび	7課
たまる	9課
だまる	4課
たんしんふにん　単身赴任スル	7課
たんとう　担当スル	10課
ちょうない　町内	12課
ちり　地理	4課
つうがく　通学スル	6課
つくり　造り　[←造る]　[上7]	12課
つたわる　伝わる　[中7]	7課
つづける　続ける　[中4]	2課
つどい　集い　[←集う]	12課

つぶさに ……………………………… 10課	のみみず 飲み水 ……………………… 8課
ディスカッション ……………………… 9課	
ていねい [中15] …………………… 12課	**は**
テーマ [中22] …………………………… 8課	バイク ……………………………………… 3課
てにする 手にする …………………… 6課	はいけい 背景 ………………………… 10課
てにはいる 手に入る ………………… 7課	はけん 派遣スル ………………………… 7課
てをつける 手をつける ……………… 4課	ばしょ 場所 [中2] ………………… 11課
てんこう 天候 …………………………… 8課	はずかしい [上4] …………………… 12課
でんしじしょ 電子辞書 ……………… 10課	はつげん 発言スル ……………………… 8課
とうじ 当時 [中19] ………………… 7課	パトカー …………………………………… 3課
どうにかスル ……………………………… 4課	ひつよう 必要ナ・ニ [中6] ………… 12課
どうぶつえん 動物園 [上12] …… 11課	ビニール …………………………………… 2課
ときどき 時々 [中4] ………………… 3課	ひろげる 広げる ………………………… 5課
とくに 特に [中24] …………………… 9課	ひん （ブランド）品 ………………… 8課
～として [中11] ……………………… 10課	ふかい 深い [上2] …………………… 12課
どなる ……………………………………… 3課	ふざける …………………………………… 6課
トマト ……………………………………… 2課	ふすま ……………………………………… 12課
トレイ ……………………………………… 2課	ふやす 増やす [上7] ………………… 5課
	ブランド …………………………………… 8課
な	ふる [上4] …………………………… 12課
ない （校）内 [中18] ……………… 10課	ふるさと [中14] ……………………… 7課
なおす 直す [中2] …………………… 1課	ぶん 分 [上2] ………………………… 2課
なかがいい 仲がいい ………………… 6課	ぶんか 文化 [中6] …………………… 3課
なつかしい [中14] …………………… 7課	へいき 平気ナ・ニ [中17] …………… 1課
なっとう …………………………………… 2課	へだてる [中23] ……………………… 11課
なみ 波 [中22] ………………………… 8課	ペットボトル …………………………… 8課
なみだ [中23] ………………………… 7課	へんとう 返答スル …………………… 11課
なれる 慣れる [中2] ………………… 3課	べんり 便利ナ・ニ [中1] ……………… 2課
なんとなく 何となく ………………… 11課	ほう （勉強）法 ……………………… 1課
にくたいてき 肉体的ナ・ニ …………… 9課	ほうそう 放送スル ……………………… 9課
～について ……………………………… 4課	ホームシック …………………………… 7課
にっこりスル [中19] ………………… 12課	ぼご 母語 ………………………………… 1課
ぬるい …………………………………… 1課	ホワイトボード ………………………… 9課
のこす 残す [中7] …………………… 4課	
のぞく ……………………………………… 3課	**ま**
のど ………………………………………… 8課	マーカー …………………………………… 9課

語彙・表現リスト

まし ナ・ニ	3課
また [中1]	8課
みおとす 見落とす	3課
みこん 未婚	5課
みちばた 道ばた	6課
みにつける 身につける [中6]	8課
みまもる 見守る [中20]	6課
～むき ～向き	5課
むなもと 胸元	10課
め （こわい）目	3課
めったに めったに（～ない）	6課
めんせつ 面接スル	11課
メンバー	11課
も （何人）も	4課
モザイク	10課
もちだす 持ち出す	11課
もつ	2課
もったいない	4課
もやす 燃やす	4課
もよう	10課

や・ゆ・よ

やかましい	3課
やくにたつ 役に立つ [中1]	1課
やくわり 役割 [中18]	12課
ゆたか 豊かナ・ニ	4課
ゆめ 夢 [中14]	7課

ら

りかい 理解スル [中15]	9課
りこん 離婚スル	5課
リサイクルスル	4課
りゆう 理由 [中5]	1課
れつ 列 [中25]	6課
れんきゅう 連休	8課

わ

わかもの 若者 [中12]	5課

〈著者紹介〉

松田浩志（まつだ　ひろし）
　1975 年、British Columbia 大学で M.A.（言語学）取得。1996 年からプール学院大学国際文化学部教授、現在に至る。主な著書:『テーマ別　中級から学ぶ日本語』『テーマ別　上級で学ぶ日本語』（以上、共著、研究社）、「異文化間協働の実践」（『異文化間協働』[小林哲也他編著、アカデミア出版会]に収録）ほか。

亀田美保（かめだ　みほ）
　大阪 YMCA 学院日本語学科主任講師。2008 年、コロンビア大学大学院夏季日本語教授法コースにて M.A. 取得。主な著書:『テーマ別　中級から学ぶ日本語』『テーマ別　上級で学ぶ日本語』（以上、共著、研究社）ほか。

テーマ別　中級までに学ぶ日本語
初中級ブリッジ教材

2011 年 8 月 10 日　印刷　　　2011 年 8 月 25 日　初版発行

著　者	松田浩志・亀田美保
発行者	関戸雅男
印刷所	研究社印刷株式会社

KENKYUSHA
〈検印省略〉

発行所　株式会社　研究社
〒102-8152
東京都千代田区富士見 2-11-3
電話（編集）03(3288)7711（代）
　　（営業）03(3288)7777（代）
振替　00150-9-26710
http://www.kenkyusha.co.jp/

Ⓒ Matsuda Hiroshi and Kameda Miho, 2011
Printed in Japan / ISBN 978-4-327-38457-9 C1081

ブックデザイン：Malpu Design（星野槙子）